五四运动

◎◎ 主编 金开诚

◎◎ 编著 金东瑞

吉林出版集团

吉林文史出版社

图书在版编目（CIP）数据

五四运动 / 金开诚著. —— 长春：吉林文史出版社，2011.10 （2023.4重印）
（中国文化知识读本）
ISBN 978-7-5472-0896-0

Ⅰ. ①五… Ⅱ. ①金… Ⅲ. ①五四运动 Ⅳ.
①K261.1

中国版本图书馆CIP数据核字(2011)第209671号

五四运动

WUSIYUNDONG

主编／ 金开诚　编著／金东瑞

项目负责／崔博华　责任编辑／曹　恒　刘姝君

责任校对／刘姝君　装帧设计／李岩冰　董晓丽

出版发行／吉林出版集团有限责任公司　吉林文史出版社

地址／长春市福祉大路5788号　邮编／130000

印刷／天津市天玺印务有限公司

版次／2011年10月第1版　印次／2023年4月第3次印刷

开本／660mm×915mm　1/16

印张／9　字数／30千

书号／ISBN 978-7-5472-0896-0

定价／34.80元

编委会

前　言

　　文化是一种社会现象，是人类物质文明和精神文明有机融合的产物；同时又是一种历史现象，是社会的历史沉积。当今世界，随着经济全球化进程的加快，人们也越来越重视本民族的文化。我们只有加强对本民族文化的继承和创新，才能更好地弘扬民族精神，增强民族凝聚力。历史经验告诉我们，任何一个民族要想屹立于世界民族之林，必须具有自尊、自信、自强的民族意识。文化是维系一个民族生存和发展的强大动力。一个民族的存在依赖文化，文化的解体就是一个民族的消亡。

　　随着我国综合国力的日益强大，广大民众对重塑民族自尊心和自豪感的愿望日益迫切。作为民族大家庭中的一员，将源远流长、博大精深的中国文化继承并传播给广大群众，特别是青年一代，是我们出版人义不容辞的责任。

　　本套丛书是由吉林文史出版社组织国内知名专家学者编写的一套旨在传播中华五千年优秀传统文化，提高全民文化修养的大型知识读本。该书在深入挖掘和整理中华优秀传统文化成果的同时，结合社会发展，注入了时代精神。书中优美生动的文字、简明通俗的语言、图文并茂的形式，把中国文化中的物态文化、制度文化、行为文化、精神文化等知识要点全面展示给读者。点点滴滴的文化知识仿佛颗颗繁星，组成了灿烂辉煌的中国文化的天穹。

　　希望本书能为弘扬中华五千年优秀传统文化、增强各民族团结、构建社会主义和谐社会尽一份绵薄之力，也坚信我们的中华民族一定能够早日实现伟大复兴！

目录

一、五四运动概述

对于五四运动这一概念，有狭义和广义之分。狭义的五四运动就是指，1919年5月4日，北京青年学生爆发的波澜壮阔的反对帝国主义、封建主义的爱国运动。北京学生的爱国运动爆发后，得到了各地青年学生和人民群众的同情和支持，学生爱国运动的烈火迅速燃遍全国，发展成为全国性的反帝爱国运动。狭义的五四运动与后来一系列的运动，构成了

广义的五四运动，也是本书所采用的概念。

如何评价五四运动，对中国史学界来说始终是一个十分敏感和值得关注的问题。作为历史上的五四，已经是一个过去了的历史事件，但它所提出的"科学""民主"等口号却始终如影随形般地伴随着我们，影响着我们。五四运动研究从20世纪20年代即已拉开帷幕，可以说其研究几乎与五四运动本身的历史一样悠久。五四运动在中国历史上有着划时代的意义和深远的影响，如果说，先秦的百家争鸣是中国古代思想的源头，那么，五四运动就是中国现代思想的源头。

五四新文化运动被称为国民"最后之觉悟"，启蒙的结果是人的觉醒与人的思想的解放。20世纪的中国经历了三次历史性的剧变：辛亥革命、中华人民共和国成立和中国共产党十一届三中全会后的改革开放。五四新文化运动以其独特的启蒙性和开创性独立于第一次历史

剧变与第二次历史剧变之中，五四运动不仅是中国革命的分水岭（新旧民主革命），而且在中国社会进程中也具有划时代性的意义。有研究者指出："五四运动是中国走向现代化的全面启动"，"五四运动是第一次历史性剧变的补课，又是第二次历史剧变的起点"。以爱国主义为精神核心，以民主和科学为口号的五四运动促进了马克思主义在中国的传播，为中国共产党的成立作了思想上、组织上的准备，在中国历史发展进程中树立了一座丰碑，标志着中华民族走向伟大复兴的一个历史起点。五四运动是中国旧民主主义革命的结束和新民主主义革命的开端，中国革命从此进入了一个新的历史时期。中华人民共和国成立后，中央人民政府政务院于1949年12月正式宣布以5月4日为中国青年节。

传承五四精神，肩负历史使命。爱国主义是其精神源泉，民主与科学是其核心，勇于创新、解放思想、实行变革是民主与科学提出和实现的途径，理解精神、个性解放、反帝反封建是民主与科学的内容。

二、五四运动的背景

（一）国内背景

1.民族危机的加剧与城市工商业阶层的发展

中国的五四运动也是在中华民族危机日益加重，中国社会各种矛盾日趋激化的情况下爆发的。自鸦片战争以来，在帝国主义的侵略下，中国一步步地沦为半殖民地状态，当时中国人民处在帝国主义

　　和封建势力的双重压迫之下，过着极其痛苦的生活。中华民族的危机不断加深，在与帝国主义进行抗争的过程中，中华民族的先进分子也对中国的命运不断地进行反思和探索。旧中国政治经济的恶化，民族危机的加深，使中华民族觉醒了，促发了一场由中国各阶层人民奋起参与的伟大爱国运动。

　　清末以来，中国的工商业虽有所发展，但在西方工业产品输入的情形下，中国本土工商业的发展仍然有限，第一次世界大战的发生使欧洲各国产业无力东顾，中国的工商业获得了很大的发展，从事工商业的人口持续增加，民族工业，尤其是轻工业得到巨大发展，城市中的工商阶层在中国社会中的地位也更显重要，在五四运动中，他们成为声援爱国学生的主要力量。

2. 新文化运动与新思想的传播

五四运动发生前，中国正处于北洋军阀的黑暗统治时期。军阀势力利用封建传统思想禁锢人们的头脑，推崇作为封建专制制度精神支柱的孔孟之道，借以维持自己的统治。严酷的现实引发当时先进知识分子的反思。他们认为，辛亥革命由于忽视了思想文化战线上反对封建主义的斗争，致使革命的成果遭到严重的破坏，因此，为了完成改造社

会的历史使命，必须"冲决过去历史之网罗，破坏陈腐学说之图圄"。

于是，作为五四运动的先导，标志中国人民新觉醒的新文化运动便应运而生了。1915年9月，陈独秀在上海创办了《青年杂志》（1916年起改名《新青年》），杂志的创刊标志着新文化运动兴起，启蒙思想家陈独秀、李大钊、胡适、鲁迅、吴虞、钱玄同、刘半农、易白沙等是它的主要撰稿人。随后继起积极提倡新文化、新思想的还有《每周评论》《晨报》《京报》等报刊。北京大学是新文化运动的一个重要阵地。

3.蔡元培"兼容并包"思想影响下北京大学和社团的发展

中国的教育制度在清末的新政中，学习西方及日本学制而改革。到了民初，高等教育获得进一步的发展。尤其是北京大学，在校长蔡元培的领导下，引进了开放的学风，提出了"思想自由，兼容并包"办学方针。

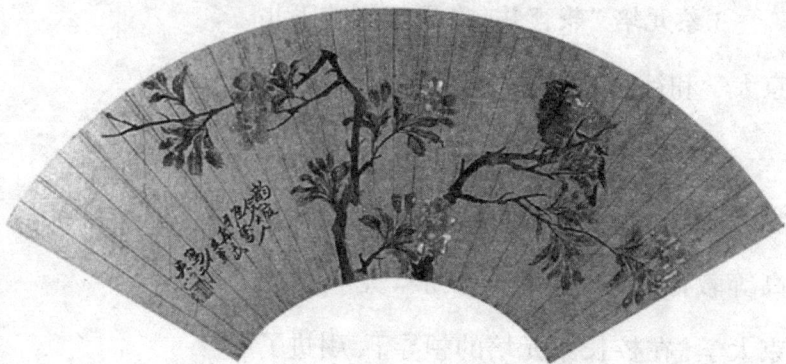

所谓"兼容并包"，并不是新旧一揽子全包，而是罗致具有先进思想的新派人物，对那些腐败守旧人物则尽量排除。由于他的"兼容并包"，北大在他来以后，就包括了以下三个方面的人物：

第一是"国故"派的人物。教员方面原有拖着一条大辫子的辜鸿铭、年轻的英文教员、"探艳团"团长徐佩铣、当时的文科学长夏锡祺等。

第二是无政府主义的思想在北大也

很活跃。蔡元培校长到校后，聘请了前清大学士李鸿藻的儿子李石曾（煜瀛）来北大教生物学，聘请了吴稚晖（敬恒）当学监。李石曾只来了很短的时间，吴稚晖来到学校尚未正式就职，无政府主义思想就由他们传播到了北大。

第三是《新青年》方面的人物，即新文化运动的代表人物。一方面有陈独秀、李大钊、鲁迅等人的文章，同时也有胡适、王星拱、刘半农、周作人诸人之稿。他们虽然都是在《新青年》里面的新文化运动人物，可是从政治见解上彼此却有着很大的分歧。这些人被聘请到北大任教，同时培养学生独立自主开放进步的思想和精神，这种思想和精神成为五四运动的重要动力。

在"学术思想自由"的口号下，成立了很多社团。像哲学会、雄辩会、音乐传习所、体育会、数理研究会、新剧研究会、书法研究会、画法研究会、图书报社、学

生储蓄银行等。还有新闻研究会，由校长秘书徐宝璜主持。《京报》的邵飘萍在五四前一段期间，每星期日来学校讲他的新闻采访经验。这个会与五四运动很有关系。毛泽东也参加了新闻研究会，蔡元培对它特别重视。当时国内著名的书画家陈师曾（衡恪）、音乐家萧友梅、刘天华都网罗在这些学会之中。社团组织在民国的发展，还包括少年中国学会、工学会、新民学会、新潮社、平民教育讲演团、工读互助团等等，为五四运动在全国的开展奠定了组织基础。

（二）国际背景

五四运动发生在国际、国内形势纷繁复杂的时代，首先在国际政治舞台上，日本在亚洲的崛起，是五四运动得以发生的国际政治背景的关键，也是在那个时代了解日本与欧洲列强、与美国间错综复杂关系的总线索。

1.日本在亚洲的崛起

中国与日本同为东亚国家，两国为一衣带水的邻邦，双方交往非常频繁。在经历了1868年的"明治维新"后，日本跨进了全球性大国的行列，它创造了当时亚洲国家的奇迹，并将同时期的中国远远甩在了后面。日本的"成人礼"在亚洲表现为1895年的中日甲午战争，在世界上表现为1904年的日俄战争。经过这两次战争后，日本虽国力羸弱，但其在东亚国际政治格局中已经是一个重要角色了。

1915年1月18日，日本驻华公使日置

益违反正常外交途径，在与中国总统袁世凯的私人会晤时，提交了几页用印有兵舰和机关枪水印的纸写的文件。文件上所载的内容就是臭名昭著的"二十一条"。"二十一条"的内容是：日本人提出要求，控制中国满洲里、内蒙古、山东、东南沿海和长江流域。接受了这些不平等条件就等于接受了日本人在这些地区实行殖民统治，掌握了整个中国的经济和行政控制权。中日双方随后进行了将近四个月的谈判，最终，于1915年5月25日签订了"中日条约"和"换文"。"二十一条"的谈判和签定，在全国激起了强烈的愤慨和反抗，消息传出，立即掀起了反对日本帝国主义的高潮。1915年1月26日，有关"二十一"条的消息首次向中国人民披露后不久，公众便举行了集会。2月19日，反对"二十一"条的"市民爱国会"在上海成立。同时，"国民对日同志会"也在上海成立。数万人在公共租界举行公众集会，决心开始抵制日货。抵制日货的活动迅速蔓延到全国其他城市，甚至专营日货的商人也参加了这一活动。这立即引起了日本政府的警觉，在日本的强力重压之下，3月25日袁世凯下令停止抵制日货活动。但是，中国民众的愤怒情绪是禁止不住的。此时的中国人民开始觉醒，一些知识分子比以往任何时候都更清楚地认识到中国的根本问题，那就是帝国主义正加紧侵略中国，北洋军阀政府对外卖国、对内实行镇压政策，因此必须实行民族

自救。

2. 美国在巴黎和会的失利

美国经济由于受到第一次世界大战的刺激得到迅猛发展，到1918年已成为经济实力最强大的国家。1918年1月，时任美国总统伍德罗·威尔逊在国会两院上抛出了"世界和平纲领"，即"十四点"计划。可以说"十四点"计划就是美国企图称霸世界的一纸宣言书，而国际联盟就是执行该计划的机构。美国在巴黎和会上的目标是成为全球霸主，然而在其条件尚不具备的情况下，美国不得不对欧洲及日本一再妥协，这也成为五四运动得以发生的国际政治背景之一。

3. 十月革命的影响

在新文化运动中，面对辛亥革命以后中国政治和社会的黑暗混乱状况，一些先进的知识分子开始怀疑资产阶级民主共和国的方案对中国是否适合，坚持不懈地继续探求救国救民的新出路。正当此时，俄国发生了震动世界的十月社会主义革命。十月革命的胜利有力地证明，

不仅发达国家，就是不发达国家，也是可以走上社会主义道路而获得解放的。它使处于彷徨和苦闷的中国人民看到民族解放的新希望。中国的先进知识分子从十月革命和第一次世界大战后充分暴露的西方资本主义的社会危机中，敏锐地认识到世界历史潮流的深刻变化，开始考虑选择中国革命新的道路。在十月革命的影响下，马克思主义开始在中国传播。随之，在中国开始出现具有初步共产主义思想的知识分子。

4. 苏维埃政权受到欧美列强的敌视

俄国十月革命胜利后，列宁领导的布尔什维克党推翻了资产阶级临时政府，建立了世界上第一个社会主义国家。1917年11月8日，全俄第二次苏维埃代表大会通过了列宁起草的《和平法令》。苏俄作为新生国家是与资本主义"自由世界"在

意识形态上完全对立的，由此，美国总统威尔逊认为这场社会革命背离了西方自由主义的传统，而拒绝承认新生的苏维埃政权。苏俄与资本主义"自由世界"在意识形态上的尖锐令美国和欧洲资本主义列强都仇视新生的苏维埃政权，欲除之而后快。对苏维埃政权的敌视是威尔逊向日本做出妥协的原因之一。当时的欧洲苏维埃革命涌动，且匈牙利已经成立了苏维埃共和国，在威尔逊看来共产主义可能横行欧洲，在这种情势下，把日留在国联，从而维护反苏、反革命活动的帝国主义统一战线，是威尔逊当时全球视野的重中之重。这也成为导致五四运动发生的国际政治背景之一。

五四运动是中国新民主主义革命的开端，同时也是一场彻底的反帝反封建运动。经过五四运动的洗礼，中国走上了正确的救亡道路，中国革命也从此进入了一个新的历史时期。通常认为，导致中国外交失败的背景异常复杂。日本在亚洲的崛起，美国在巴黎和会的失利，十月革命的影响以及欧美列强对新生苏维埃俄国的敌视成为导致五四动发生的国际政治背景。该背景反映出那个时代各国间国家利益之争的状况，欧美列强为了平衡彼此间的利益，牺牲了当时的弱国——中国的国家利益，从而换回了列强彼此间利益的平衡。这三种背景互相融合，相互作用，其合力导致了中国外交在巴黎和会上的失败。

三、五四运动始末

（一）导火线

1918年11月11日，第一次世界大战宣告结束，德国成了战败国。1919年1月，27个战胜国在法国巴黎召开"和平会议"，实际上这是由英、美、法、日、意5国进行的一次帝国主义分赃会议。中国人民当时相信协约国的胜利真正是民主战胜了专制和军国主义，然而随后发生的事却

打破了这种想法。中国作为战胜国之一，派出陆征祥（北京政府外交总长）、顾维钧（驻美公使）、王正廷（南方军政府代表）等5人全权代表，出席巴黎和会。中国代表向会议提出了3个要求：

第一，废除帝国主义列强在华势力范围、撤走外国军队和巡警、撤销外国邮政及通讯社、撤销领事裁判权、废弃租借地、关税自主。

第二，废除"二十一条"。

第三，德国归还在中国山东的租借

地、胶济铁路及其他权利。

4月30日，美、英、法三国会议邀请日本参加，拒绝中国代表出席，决定将德国在山东的权益全部交给日本，并在《凡尔赛和约》中作了明文规定。帝国主义完全无视中国人民的合理要求。战胜国之一的中国，竟和战败国一样受到宰割。

当巴黎和会决定把德国在山东的权益转让给日本的消息传到中国后，立刻激起了中国人民的强烈愤慨，也进一步激化了帝国主义同中华民族、封建军阀同人民大众的矛盾，以学生游行抗议为先导的五四爱国运动就是在这种情况下爆发的。

（二）过程

巴黎和会上中国外交失败的消息传到国内，群情激愤，久积在中国人民胸中的怒火，像火山一样爆发出来了。5月3日晚，北京大学校园一片沸腾，北大、高师、工专、法政等校学生代表1000多人，聚集在北大法科礼堂，讨论如何拯救祖国、挽回主权等问题。会上作出4条决定：1.联合各界一致斗争；2.急电参加巴黎和会的中国代表，坚持拒签和约；3.通电各省于5月7日举行示威游行；4.定于5月4日齐集天安门举行学界大示威。

5月4日下午，北京大学等13所大专学校3000多人在天安门前集会，随后举行示威游行。他们高呼"还我青岛""收回山东主权""取消二十一条""外争国权，内惩国贼"等口号，要求拒绝在和约上签字，惩办亲日派官僚曹汝霖（签订"二十一"条时的外交次长，时任交通总长）、陆宗舆（签订"二十一条"时任驻日公使，时任币制局总裁）和章宗祥（时任驻日公使）。愤怒的学生们高喊罚办亲

日派卖国贼曹汝霖、章宗祥、陆宗舆的口号，冲入曹宅。

当学生游行队伍到达赵家楼时，已是下午两点多钟。数百名军警早把胡同口封住了，游行队伍不得进去。趁军警不备之际，学生们登上窗台把临街的窗户打开跳进去，接着打开了两扇大门，众多的学生蜂拥而入。原来曹汝霖正在同另两个卖国贼章宗祥（驻日公使）、陆宗舆（币制局总裁）以及日本新闻记者中江丑吉在开会。学生们见到章宗祥，就都上去痛打，之后火烧赵家楼。

半小时后,军阀政府警察总监吴炳湘和步军统领李长泰率领大队军警赶到,用武力把群众驱散。军警说学生们杀人放火,随即开始捕人。大批的人都早已撤离,剩下少数想维持秩序整队而行的同学,被他们逮捕了。据亲历者许德珩回忆说:"我和易克嶷被捕后,他们故意侮辱我们,把我们两人捆在拉猪的手推板车上,拉进步军统领衙门(在前门内公安街,当年叫户部街)。这时已经是午后5时了,陆续到监狱来的有各校学生31人,市民1人,共32人。此外,还有北大学生郭钦光。他是预科一年级学生,患有肺病,游行前劝他不要去,他不听,因游行劳累又受军警的追打,第二天死于北大宿舍。"郭钦光之死,引起北京学生的总罢课,表示严重抗议,并通告上海、天津、广东各地于5月9日与北京同时召开郭钦光烈士追悼大会,以激励国人展开反军阀的运动。

　　北京学生的爱国运动，得到了各地青年学生和人民群众的同情和支持，学生爱国运动的烈火迅速燃遍全国，发展成为全国性的反帝爱国运动。济南、天津、上海、南京、成都、长沙、武汉、广州等大中城市的学生，在日本、法国的中国留学生，以及广大海外华侨，都积极展开各种形式的反帝爱国运动。

　　5月21日，日本驻华公使提交"紧急照会"，威胁北京政府，要它加紧镇压学生运动。6月1日，北京政府下令取缔学生的一切爱国行动，这就更加激起了学生群众的愤怒。北京学生从6月3日起再次走上街头演讲，遭军警镇压，有170多人被捕，第二天又有700多名学生被捕。但是，学生们并未屈服。第三天上街演讲的学生增加到5000余人。

北京政府对学生爱国行动的野蛮镇压，激起了全国人民的极大愤慨。6月4日，上海学联得知消息后，立即通电全国，呼吁各界"主持公理，速起救援"。6月5日，上海工人自动举行罢工，支援北京学生。在工人阶级的带动下，上海实现

了学生罢课、工人罢工、商人罢市的斗争局面。随之，全国兴起罢工风潮。沪宁、沪杭、京汉、京奉等铁路和汉口、长沙、芜湖、南京、济南等城市的工人也纷纷罢工。商人罢市也遍及各地城镇。五四爱国运动已突破了知识分子的范围，发展成为以工人为主力、有小资产阶级和资产阶级参加的全国范围的爱国运动。

在全国人民的强大压力下，北京政府被迫于6月7日释放被捕学生。10日，罢免亲日派卖国贼曹汝霖、陆宗舆、章宗

祥三人的职务。这是五四运动的初步胜利。但拒绝和约的问题还没有解决，斗争仍在继续。6月11日，北京大学教授陈独秀、高一涵等人到北京前门外闹市区散发《北京市民宣言》，声明如政府不接受市民要求，"我等学生商人劳工军人等，唯有直接行动以图根本之改造"。陈独秀因此被捕。各地学生团体和社会知名人士纷纷发出通电，抗议北京政府的这一暴行。17日，北京政府违背全国人民的意愿，企图在凡尔赛和约上签字。北京学联立即号召学生投入拒签和约的斗争。18

日,山东派出各界代表80多人进京请愿。北京、上海等地学生、工人纷纷响应。在巴黎的华工和中国留学生也强烈要求拒绝签约。直到27日晚,陆征祥的住处仍被数百名中国留学生和华侨商人所包围。在这种情况下,中国代表团没有出席巴黎和会在28日举行的和约签字仪式。至此,五四运动所提出的直接斗争目标基本得到实现。

（三）成果

五四爱国运动促进了中国人民新的觉醒。先进青年更加清楚地看到国家命运岌岌可危，更加感到腐败黑暗的社会现状难以忍受，他们以救国救民、改造社会为己任，积极探索拯救中国的道路。五四运动后，各地青年纷纷成立社团，传播新思想的刊物有如雨后春笋大量涌现。仅五四运动后的一年中，就出现400多种。在各种学说竞起争鸣的形势下，马克思主义在中国得到广泛传播。

第一，五四运动是一场反帝反封建的爱国主义政治运动，表现了中国人民彻底反对帝国主义和封建主义的英勇斗争精神和不屈不挠的斗争意志。以此为后盾，中国代表在巴黎和会上采取了强硬态度和正义立场，拒绝在和约上签字，开创了近现代中国外交史上敢于抗争的先例，同时使皖系军阀政府声名狼藉，迅速由盛趋衰。

第二，五四运动又是一场伟大的文化运动和思想解放运动，它把新文化运动推向了以传播马克思主义为主流的新时期，同时开创了中外文化交流的新阶段。五四以后，西方文化的各个方面，都在中国得到了传播和移植，为现代中国培育了一代英才。运动中表现出的强烈不衰的爱国精神，贯穿始终的民主与科学理性精神，勇于进取的奋斗精神，为寻求中国出路而百折不回的执着追求精神，成为中华民族的宝贵财富，对中国社会的发展形成巨大推动力量。

第三，在运动中，中国工人阶级作为一支独立的政治力量登上了政治舞台，一批具有初步共产主义思想的知识分子，积极投身到工人中间，宣传马列主义，组织工人群众，从而促进了马列主义和中国工人运动的结合，为中国共产党的成立作了思想上组织上的准备。这场运动也对孙中山产生巨大影响，使他改变不重视、不发动群众的观念，促成了他对中华革命党的改组。

第四，五四运动揭开了中国新民主

主义革命的序幕。虽然中国共产党当时尚未诞生，但是已经有了一批赞成俄国革命的先进知识分子，一些人更直接充当了运动的组织者或指导者。运动期间，中国产业工人队伍已有了发展和壮大，且在运动后期发挥了决定性作用，运动的内容和方向也在朝着反帝反封建的目标发展。这都表明旧民主主义革命正向新民主主义革命过渡。

由于巴黎和会打破了人们对帝国主义列强的幻想，由于俄国十月社会主义革

命的影响逐渐扩大，在五四运动后的中国思想界中，有相当一部分人逐渐怀疑以至否定资产阶级共和国的道路，而向往社会主义，认为"社会主义是现时和将来的人类共同的思想"。五四运动后，《新中国》《每周评论》《晨报副刊》《国民》等刊物开始刊登文章宣传马克思主义。具有初步共产主义思想的知识分子编辑刊物，撰写文章，组织社团，初步接触工人群众，研究和宣传马克思主义。经过比较、鉴别、争辩，马克思主义以其缜密的科学性和革命精神赢得日益增多的先进分子的信仰，中国一代青年马克思主义者逐步成长起来。新文化运动发展成为以传播马克思主义为中心的思想运动。五四新文化运动的最大成果，就是中国人民选择了马克思主义。马克思主义并没有束缚人们的思想，相反，正是学习和运用了马克思主义，中国人民的思想才在更广阔的范围和更深刻的程度上获得了解放。马克思主义在中国的传播和它在同中国实际结合中的不断发展，成为五四以来科学、民主精神的主流。

四、五四运动时期的风云人物

（一）陈独秀

陈独秀（1879—1942年），原名庆同，官名乾生，字仲甫，号实庵。陈独秀是新文化运动的发起人和旗帜，中国文化启蒙运动的先驱，五四运动的领袖，中国共产党的创始人及首任总书记，一大至五大党的最高领袖。1945年，毛泽东在中共"七大"预备会上的报告中称"陈独

秀是五四运动的总司令"。

五四运动总司令的称号，陈独秀当之无愧：

第一，陈独秀创办的《新青年》，吹响了五四运动的号角。《新青年》是五四反帝反封的主要舆论阵地、民主主义与社会主义的一面旗帜、革命青年的向导，影响了整整一代人。陈独秀因编《新青年》而扬名，《新青年》因陈独秀主编而升规格。《新青年》与陈独秀的名字分不开。陈独秀不仅是该刊主编，也是该刊主要撰稿人，其文风构成了该刊的基调。

他高举民主与科学大旗，提倡民主、自由、平等、人权，反对封建制主义；提倡科学，反对愚昧盲从与偶像崇拜。认为只有民主与科学可以救治中国政治上、学术上、思想上的一切黑暗。在他的倡导下，民主与科学成了五四运动的主要口号与运动主调，影响极其深远。《新青年》从创刊到休刊，前后七年。其时，正是中国人民特别是青年知识分子思想大解放的年代。而陈独秀所高举的四面旗帜，正

是联合团结、启迪教育整整一代青年的
思想基础。毛泽东曾告诉斯诺说："《新
青年》是有名的新文化运动的杂志，由陈
独秀主编。当我在师范学校做学生的时
候，我就开始读这一本杂志，我特别爱好
胡适、陈独秀的文章。他们代替了梁启
超和康有为，一时成了我的模范。"1917
年，周恩来到日本后，在朋友严智开那里
借到了《新青年》第3卷全份，读后颇受
启发。他在日记中记道："晨起读《新青
年》，晚归复读之。于其中所持排孔、独

身、文学革命诸主义极端赞成。"又记：

"这几天连着把三卷的《新青年》仔细看了一遍，才知道我以前在国内所想的全是大差，毫无一事可以做标准……今后要按着二月十一日所定的三个主义去实行，决不固持旧有的与新的对抗，也不可惜旧有的去恋念他，我愿意自今以后，为我的思想、学问、事业去开一个新纪元才好呢！"日记中又记："我觉得我这次领悟，将以前的全弃去了，另辟新思潮，求新学问，做新事情。"看过《新青年》，周恩来还用这句诗来表达他这次的思想变化：

"风雪残留犹未尽，一轮红日已东升！"恽代英当年写信给《新青年》杂志说："我们素来的生活，是在混沌的里面，自从有了《新青年》渐渐醒悟过来，真是像在黑暗的地方见曙光一样。"参加过五四运动和受到运动影响振奋起来的人，无例外地都受到了《新青年》的启迪和鼓舞，先进的知识分子突破了资产阶级民主的樊篱，开始找到了马克思主义，并以此观点来分析世界形势和中国社会。陈独秀的功绩，就是把这一新的思潮，直接引导到推动五四运动的爆发和发展。

第二，陈独秀是五四运动中冲锋在前的勇士。他认为五四运动和以往的爱国运动均不同，必须采取"直接行动"，"对中国进行根本改造"，并把斗争矛头指向侵略中国的帝国主义和统治中国的北洋政府。陈独秀不畏强暴、不怕牺牲，直接参加到运动的第一线，组织带领青年学生与军阀们展开了殊死的斗争。他曾宣称，为在中国实行民主与科学——一切政府的压迫、社会的攻击怒骂，就是断头流血，都不推辞。

五四运动爆发以后，关心他的朋友劝他离开北京，他气愤地说："我脑筋惨痛已极，极盼政府早日捉我下监处死，不欲生存于此恶浊之社会也。"他和李大钊主办的《每周评论》，从5月4日至6月上旬，用全部版面报道五四运动发展情况，连续出版三期"山东问题"专号，提出"不复青岛宁死""头可断，青岛不可失"等口号，介绍青岛问题的历史真相，揭露帝国主义侵略中国的罪行，抨击北洋政府的卖国行径，以及报道北京学生被捕经过及遭受迫害的情况。一个月内陈独秀发表了7篇文章和33篇《随感录》。他在《为山东问题敬告各方面》一文中，指出日本侵害了东三省，又侵害山东，这是事关我们国民全体的存亡问题，无论是学界、政客、商人、劳工、农夫、警察、当兵的、做官的、议员、乞丐、新闻记者，都应出来反对亲日派才是，万万不能袖手旁观，陈独秀是言行一致的人，"不能袖手

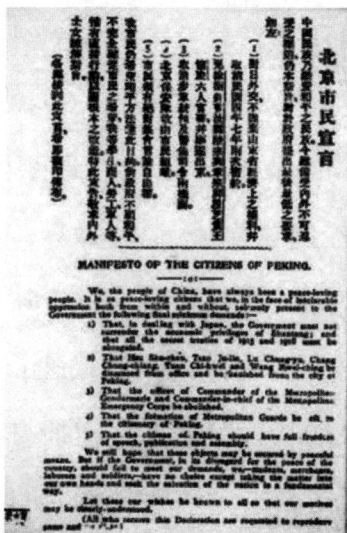

旁观"不是说给别人听的。他除了参加策划学生的一些集会外，6月9日，又亲自起草《北京市民宣言》，交胡适译成英文，10日连夜印好有中英两种文字的传单，11日下午亲自到北京闹区"新世界"楼上散发。因此，被捕入狱，关押了98天。陈独秀被捕，舆论大震，国内外大的报纸和通讯社纷纷报道。全国各地、各阶层人士动员起来营救陈独秀。孙中山对陈独秀被捕非常关心，在上海约见北洋政府代表许世英时，质问许，你们逮捕了陈独秀，"足以使国人相信，我反对你们是不错的。你们也不敢把他杀死，死了一个，就会增加五十、一百个，你们尽管做吧！"李大钊不分日夜到处奔波，为营救陈独秀竭尽全力。陈独秀出狱时，李大钊写了《欢迎陈独秀出狱》三首诗，其中写道："你今天出狱了，我们很欢喜！……什么监狱什么死，都不能屈服了你。"毛泽东在《湘江评论》上发表《陈独秀之被捕及营救》一文中说："陈君之被捕,决不能损陈君的毫末,并且留着大大的一个纪念于新思潮,使他越发光辉远大。……我祝陈君至坚至高的精神万岁!"在陈独秀坐牢的日子里,全国学界、教育界、政界、军界、工商界营救的洪流汇集成宣传陈独秀、宣传五四精神的波涛。真理战胜了暴政,爱国主义战胜了卖国主义。逮捕与营救,迫害与反迫害的斗争,使陈独秀的革命形象更加高大光辉了。

第三,陈独秀为中国人民指出了前

进的方向。经过五四运动的洗礼，中国人民有了新的觉悟，特别表现在一批有志的青年知识分子中，他们以救国救民为己任，寻找探索中国之出路。各种流派和学说兴起。中国社会的前进，是走西方资本主义道路；还是学苏俄十月革命走社会主义道路，成为社会发展的争论焦点。改良主义和冒牌的"社会主义"力争把中国引向邪路。陈独秀和李大钊等坚决站在捍卫马列主义的立场上，向社会宣战。

第一个回合就是对胡适篡改《新青年》和《每周评论》办刊宗旨的论战。胡适在陈独秀被捕期间接办《每周评论》，他在第26、27号中把《杜威讲演录》编辑成专号，散布实验主义，又在《新青年》第6卷第4号中发表"实验主义"的文章，在《每周评论》第30号上发表《多研究些问题，少谈些主义》的文章，带头反对在中国宣传共产主义，反对中国走苏俄十月革命的道路。陈独秀出狱后甚为不满。10月5日，

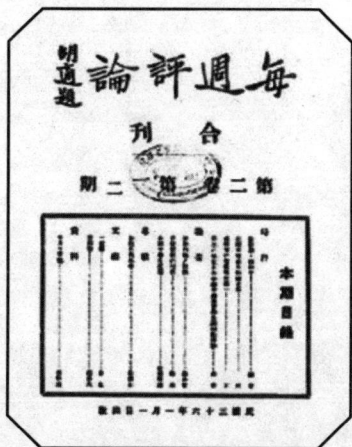

《新青年》改组,陈独秀收回了编辑权,改轮流编辑为仲甫一人编辑。接着第二个回合,批判张东荪、梁启超的冒牌"社会主义"的论调。陈独秀把这次论战的双方文章集中起来刊于《新青年》第8卷第4号上,并冠以"关于社会主义的讨论"的总标题。陈独秀在完成了由民主主义向社会主义思想的转变后,在上海立即投入到工人运动中去,深入社会,深入工厂做社会调查。他深感用科学社会主义来改造中国社会，必须要有强大的思想武器。因此，他委托陈望道译《共产党宣言》，恽代英译《阶级斗争》，李季译《社会主义史》，李汉俊译《马克思资本论入门》等书，先后于1920年由《新青年》出版，寄送全国各地。从此，马列主义的理论，社会主义的道路才展现在中国人民的面前。

第四，陈独秀把五四运动中涌现出来的先进骨干带进了中国共产党。经过五四运动，马列主义在中国得到广泛的传播，在马列主义与中国工人运动相结

合的过程中，中国共产党的酝酿成立已是历史发展的必然。"南陈北李"在创建中国共产党的功绩，永垂青史。中国共产党的创立是在列宁领导的共产国际帮助下完成的。五四运动期间，列宁一直在关注着中国的革命形势。为了了解中国的情况，1920年4月，列宁派俄共（布）远东局负责人之一维经斯基到中国来。李大钊向维经斯基介绍，在中国建党，从社会影响、个人名望首推陈独秀。维经斯基到上海后，经与陈独秀交谈，又召开了座谈会,认为在上海创建中国的革命政党时机已经成熟。1920年5月,陈独秀邀沈雁冰、李达、李汉俊、陈望道、邵力子等成立一个秘密组织——马克思主义研究会。为了名称问题,陈独秀写信给李大钊。李回信说,按共产国际的意思,组织名称就叫共产党。8月,中国共产党上海发起组成立,推陈独秀任书记,接着函约各地社会主义分子组织支部。陈独秀又将上海建党情况告诉李大钊,要他负责北方京、津、唐山、山西、山东、河南等地工作。上

海则负责苏、皖、浙等省。经过将近一年的筹备工作，1921年7月，中国共产党第一次代表会议终于在上海召开。中国的历史开辟了新的篇章。毛泽东、董必武、蔡和森、周恩来、瞿秋白、吴玉章、李立三、李达、陈望道等在谈到自己参加共产党时，均称无不受到陈独秀的影响和教诲。

陈独秀是激进主义的代表。近代中国的激进主义与现代人理解的激进主义不同。近代的激进主义是包括革命民主主义与社会主义在内的革命主义。近代

以来的革命者都被称为是激进主义者。

五四时期的先驱们也都是激进主义者，

如陈独秀、李大钊，甚至胡适等。不过，

陈独秀表现得最突出、最具代表性，与法

国18世纪大革命时期资产阶级民主派罗

伯斯庇尔很相似。他常被称为"激进民

主主义者""激进领袖"。"激进"与"缓

进"，当时也以此区分革命与改良。孙中

山国民党被称为"激进派"，梁启超进步

党被称为"缓进派"。五四时期的陈独秀

所以被称为"激进领袖"是因为他对封

建主义的批判特别猛烈，常被称为是一员"闯将"，跃马横枪，冲锋陷阵；他的批判又特别尖锐，直刺敌人心脏，直揭事物本质；他的批判又是那么坚决，毫不妥协，没有任何退让余地，一反到底，决不中途收兵。陈个性张扬，才华横溢，激扬文字，锋芒毕露。他的文章特别有战斗力，特别能激动人心，特别能鼓舞斗志，很自然被时人称为"思想界的明星"。当然，这种激进主义在实际运行中不可避免地会有一些偏激，以感性代替理性，说了一些过头话，如他在批判旧道德时，一概否定为"奴隶道德"；反对旧文学，一律斥之为"贵族文学"；在对比中西文化时，认为中华民族一切都是"卑劣"的，西洋民族一切都是"高尚"的，主张"欧化"；在谈到爱国问题时，认为北洋政府这样"残民"的国家，根本不值得爱，甚至认为"恶国"不如"亡国"好等等。当然，这些言论是极其错误的、片面的，但也是一些"恨铁不成钢"的激愤之词，也有一些"重病需猛药"之意。李大钊当时就曾为自己也有某些过激言论而说过："吾今持论，稍嫌过激。盖尝秘窥吾国思想界之销沉，非大声疾呼以扬布自我解放之说，不足以挽积重难返之势"。

陈独秀也曾批评过钱玄同的废汉字激论，说钱这是对旧文化极为不满，"愤极了才发出这种激切的议论"；并批评钱的这种"用石条压驼背"的医法，"极不

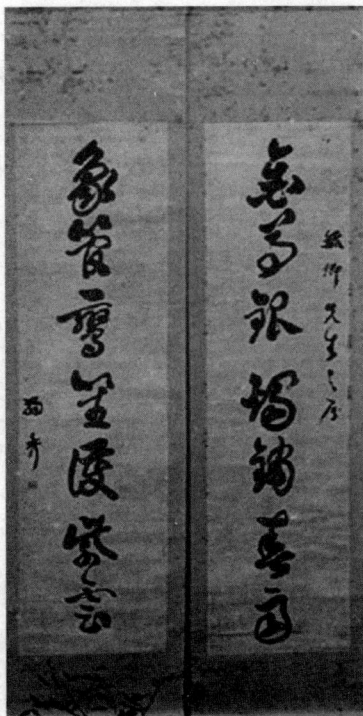

高明"。陈独秀的过激言论，初意是想刺激国人速觉猛醒，虽然未必达到目的，但也不妨认为这是一种爱国激情的别样喷发。五四先驱们的"过激"，可以说首先是帝国主义、封建主义"逼"出来的。近百年来中国人被"三座大山"压得喘不过气来。他们呻吟、呐喊、苦争、反抗，一旦用足力气掀掉身上的"大山"，很难想象它会那么"正规"，那么"文明"。这是压迫愈甚反抗愈烈的自然规律。再者，当国人觉醒之后，突然发觉我们大大落后于西方，他们有一种强烈的民族危机感、实现现代化的紧迫感，自然产生急起直追、急于求成的心态，希望兼程并力、毕其功于一役、快刀斩乱麻，彻底革命解决问题。所以近代中国的革命派大多易犯冒进错误。还有，五四先驱们大多是以研究学问为生命的大学者，他们在五四运动的狂飚中，纷纷被从学术圈子卷进了政治大旋涡中，一切都以反封建革命为标准，政治盖过了学术，于是言论往往超出了学术范畴。

（二）李大钊

李大钊（1889—1927年），字守常，河北乐亭县人，中国最早的马克思主义者，中国共产党创始人之一。1913年留学日本，1916年回国，历任北京《晨钟报》总编辑、北京大学图书馆主任兼经济学教授和《新青年》杂志编辑，在《新青年》上发表了《庶民的胜利》和《布尔什维主义的胜利》，并宣传马克思主义。1918年和陈独秀创办《每周评论》，领导五四运动，1920年发起建立北京共产主义小组，并参与指导各地建党工作。中国共产党成立后，负责北方党的工作，帮助孙中山改组国民党。1924年代表中共参加第五次共产国际代表大会。1927年4月28日在北京被张作霖杀害。

李大钊进入北大，比陈独秀、胡适晚，1918年出任北大图书馆主任。他一入北大，就发挥了重要作用。如果说蔡元培、陈独秀、胡适主要是在新文化运动时

期起领导作用的话，那么在五四爱国运动中，起主要领导作用的则是李大钊与陈独秀了。李在运动中的主要贡献是传播马克思主义。李是中国第一个马克思主义者，他在担任北大图书馆主任时期，正值俄国发生十月社会主义革命，社会主义成为人们关注的焦点。李趁机大量购买有关马克思主义的著作，组织"马克思主义研究会"，著文（如《我的马克思主义观》等）介绍马克思主义，开设关于社会主义与唯物史观的讲座，从诸多方面宣传马克思主义。由于李大钊对马克思主义的介绍宣传，使中国人开始从进化史观中走出来，以唯物史观武装自己。从此，中国人的世界观发生了根本转变，能以阶级观点认识社会事物的本质，能从经济基础的深层揭示社会上层建筑变化的根本原因，从而使中国人民能在五四运动中对帝国主义与封建主义有本质认识，能够进行彻底地不妥协地反对帝国

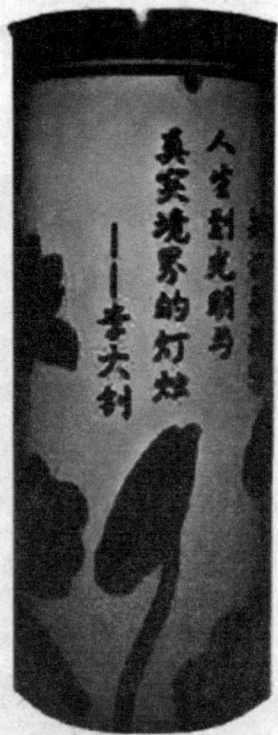

铁肩担道义
妙手著文章

于惠仁兄正之

少奇 李大钊

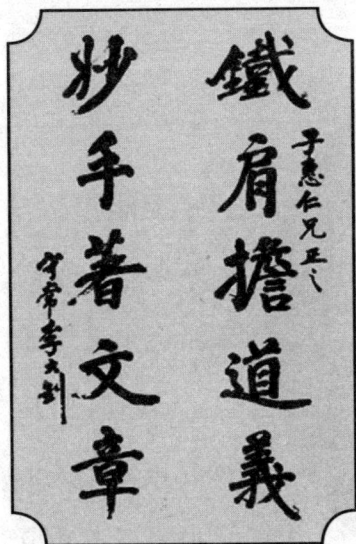

主义与封建主义的革命斗争。由于李大钊传播了马克思主义，使中国人民革命斗争有了马克思主义思想指导，这便从根本上扭转了五四运动的发展方向，即中国革命由此转向了社会主义范畴，揭开了中国新民主主义革命的序幕。由于马克思主义的传播，李大钊在五四运动中培养了一大批具有初步共产主义思想的先进分子，如邓中夏、毛泽东、恽代英、赵世炎、杨贤江、张闻天、高君宇、何孟雄、罗章龙等，他们在五四运动中发挥了重要骨干作用。李大钊还号召知识分子与工农相结合，促进五四运动向"六三"发展，促进中国工人阶级登上历史舞台。这一切为随后中国共产党的建立准备了组织条件。这些伟大功绩，炳彪史册，是任何其他五四领袖都无法比拟的。如章士钊后来所回忆的："守常一入北大，比于临淮治军，旌旗变色，自后凡全国趋向民主之一举一动，从五四说起，几无不唯守常

之马首是瞻。"

李大钊高擎社会主义大旗帜。五四时期是中国先进分子关于中国应走资本主义道路还是社会主义道路的大辩论、革命观大转折时期。新文化运动时期，中国先进分子都追寻民主主义，向往西方资本主义。但中国在巴黎和会上的失败，强权击败公理，国人开始觉醒，开始对资本主义产生怀疑。这时正值俄国爆发十月社会主义革命，宣废除沙俄强加给中国的不平等条约，人们的视觉转向俄国，转向了社会主义，不少先进分子认为社会主义才是中国的出路。于是五四时期，在中国大地兴起了一股不小的社会主义思潮，什么基特社会主义、无政府社会主义、工团社会主义、傅立叶空想社会主义、托尔斯泰不抵抗社会主义、本武者小路实笃的新村社会主义等，五花八门，应有尽有。这些思潮激发了人们对社会主义的关注，但也搅乱了人们对科学社会主义的重视。在这种情况下，李大钊高举科学社会主义旗帜，批判了各种改良型社会主义，纠正或扭转了一部分人对社会主义的一些错误认识。在李大钊社会义大旗上明确写着三行大字：一是科学社会主

义是"革命的社会主义",是马克思主义的社会主义,要打破旧制度,建立社会主义,必须采取阶级斗争手段,必须对旧制度从经济组织上进行根本改造。这一宣告,便与一切空想社会主义、改良主义划清了界限,表明科学社会主义的坚定立场与只有科学社会主义才能救中国的坚定信念。二是社会主义能够适用于中国。他指出,社会主义本来在资本主义发达国家里实行无产阶级革命的指挥,那么在落后的中国,还是封建主义占统治地位该怎么办呢?李大钊明确强调,社会主义须和中国社会实际相结合。他说:"社会主义适用到实际的政治上去,那就因时、因所、因事的性质情形,有所不同。""在别的资本主义盛行的国家,他们可以用社会主义作工具去打倒资本阶级。在我们这不事生产的官僚强盗横行的国家,我们也可以用他作工具,去驱除这一

李大钊
1889 年—1927 年

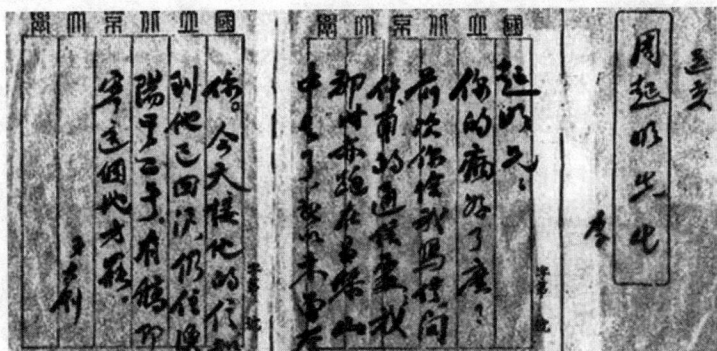

班不劳而生的官僚强盗。"

这就是说，中国可以用社会主义作指导进行反对封建主义的民主革命。这一创新性思想特别重要，既确定社会主义也适用于中国原则，又指出中国革命的新道路，这对中国共产人探索中国新的民主主义道路问题有特别重要意义。三是未来的社会主义是很美好的。针对社会上一些人对社会主义搞阶级斗争的疑虑，李大钊指出，在社会主义社会里不存在阶级斗争，阶级斗争只是"阶级社会自灭的途径"；社会主义建立，阶级斗争即将"熄灭"，而代之建立起来的社会主义社会，将是一个协和、友谊、互助、博爱的社会。他认为社会主义者有一个共同一致认定的基础，这基础就是协和、友谊、互助、博爱的精神。在李大钊看来，协和、友谊、互助、博爱，是社会主义的精神，是社会主义的特征，社会主义是一个非常美好的和谐社会。在李大钊有关社会主义思想指引下，越来越多的人聚集在社会主义旗帜下，从而扩大了社会主义队伍，增强了社会主义力量，保证了五四运动的胜利及其向社会主义的发展方向。

（三）蔡元培

蔡元培（1868—1940年），字鹤卿，号孑民，浙江绍兴人。他是中国近现代著名的民主革命家和教育家，为中华民族的进步和发展，为在中国建立资产阶级的教育体制，尤其是为改革和发展中国的高等教育事业，作出了重要的贡献。北京大学是五四运动的活动基地，而蔡元培就任北京大学的校长，因此蔡元培在推动五四运动的发展起到了积极作用。

蔡元培的突出贡献是，对新文化运动的支持与保护，并提出了著名的、具有深远历史意义的"循思想自由原则、取兼容并包主义"的办学方针。在这一方针下，他首先集中力量改造旧北大，把它建成科学与民主的阵地、新文化运动的中心。那时虽然已是民国了，但旧北大依然是一个封建文化的堡垒。这样的学校不可能为新文化运动服务，且是新文化运动的强大阻力。蔡出任校长后，冲破种种阻力，在教育思想、学校体制、教学内容与课程设置、学生守则、甚至道德标准等方面进行了大胆改革，把北大从旧体制中强行拉到资本主义教育发展轨道上来，为新文化运动的发展创造了有利条件。特别重要的是，上述方针为北大开启了一片自由天地，民主主义、社会主义、无政府主义等各种思想、流派，可以在北大自由地传播，民主主义甚至马克思主义

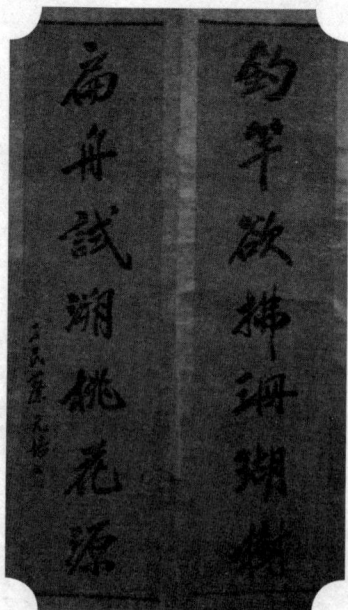

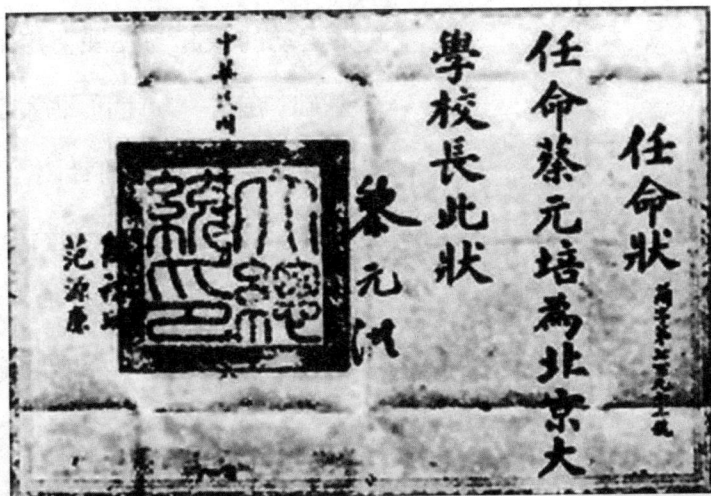

趁机发展起来。蔡元培支持李大钊在北
大建立马克思主义研究会，开设宣传唯
物史观与社会主义的课程与讲座，使马
克思主义首次在中国大地上发芽、生长。
在这一方针下，蔡元培聘请了一大批年轻
有为、学有专长的新派人物进北大任教，
如请著名的《新青年》杂志主编陈独秀
任北大文科学长，聘胡适、李大钊、钱玄
同、鲁迅、刘半农、高一涵、周作人、沈尹
默、沈兼等著名学者任教授。这批新派人
物入北大，改变了北大教师队伍结构，形

成了一支开展新文化动的中坚力量，为新文化运动的兴起与发展奠定了坚实的基础。在这一方针下，北大学生思想空前活跃，他们建社团、出刊物、搞大辩论，提高了觉悟，加强了团结，为新文化运动培养了一支青年力量。所有这些，使北大为新文化运动作了充分准备，成为新文化运动的发源地。所以，从某种程度上说，没有蔡元培的"思想自由，兼容并包"，就没有北京新文化运动，就没有民众的觉醒，就没有五四运动。他的教育理念为后来发生的历史搭建了一个舞台。

不仅如此，蔡元培还以北大校长身份极力保护新思想与新文化运动。在旧派与反动势力的围攻下，蔡元培挺身而出，担当责任，保护新派领袖；当学生游行被捕时，他又一马当先，奔走各方，营救学生，最后为救学生而毅然辞职。正如宋庆龄所指出的："蔡元培先生是我国著名的民主革命家、教育家、科学家。他提出科学与民主，主张'兼容并包'，百家争鸣，培养教育了一代人。他积极支持五四运动，对学生爱国行动极表同情，并大力营救那些被捕的学生。"学生释放后，斗争并没有结束，第一，参加巴黎和会的中国代表并没有不签字的表示；第二，曹汝霖以学生烧了他的房子，打了他们，向为首的学生起诉，要求赔偿损失；第三，尤其紧要的，段祺瑞指使安福系阁员提出整顿学风，进行反扑。首先就是撤换北大校长蔡元培，派胡仁源代北大校长。蔡果然于学生出狱的第三天被迫辞职。蔡元培校长一走，胡仁源的任命，加上曹汝霖的反攻，对学生运动如同火上添油。学生们于"外争国权，内除国贼""收回山东权利"之外，又加上了"蔡校长复职，反对胡仁源来校"这一强烈要求。9日，北大学生议决"停课待罪"，表示坚决挽留

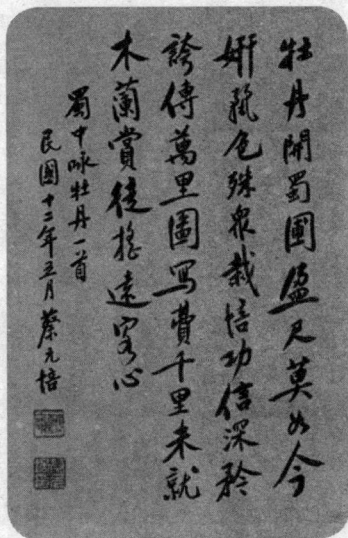

蔡校长。北京各大专学校校长继蔡元培之后，也都全体提出辞职，支持蔡元培。1919年6月15日，蔡元培52岁时，在他发布的《不愿再任北京大学校长的宣言》中说："我绝对不能再做不自由的大学校长：思想自由，是世界大学的通例。"后由于北大师生极力挽留，蔡元培答应只做北大师生的校长。

事实表明，蔡元培不愧为五四运动的领袖。毫不夸张地说，没有蔡元培就没有新北大；没新北大就没有五四运动，即使有也不知要推迟多少年。五四运动的学生领导人之一许德珩回忆：在这个运动中，蔡元培先生"不仅仅是精神上的指导者，简直是实际上的行动者"。

（四）胡适

胡适（1891—1962年），字适之，安徽绩溪县上庄村人。五四时期的胡适几乎与陈独秀齐名，常被人们简称为"陈胡"，其地位与影响力仅次于陈独秀。当时李大钊也对"陈胡"表示了极大的尊重，认为他们俩是五四运动的主导、领袖，他在1919年8月写给胡适的信（《再论问题与主义》）中说："仲甫先生和先生的思想运动、文学运动"被认为是中国"民主主义的正统思想"。

1917年胡适回国，任北京大学教授。他积极参加新文化运动和文学革命运动，是文学革命和初期新文化运动中重要的代表人物。他加入《新青年》编辑部，撰文反对封建主义，宣传个性自由、民主和科学，积极提倡"文学改良"和白话文学。同年，胡适在《新青年》上发表轰动一时的《文学改良刍议》一文，提出言之有物、不模仿故人、须讲求文法、不作无病之呻吟、务去滥调套话、不用典、

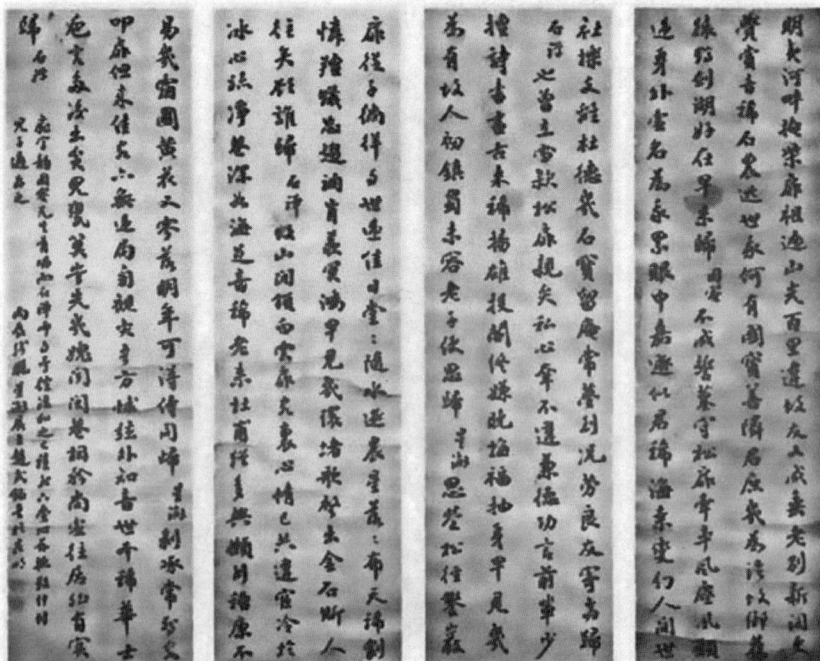

不讲对仗、不避俗字俗语等八项主张。随后他又发表《建设的文学革命论》一文，提出"国语的文学——文学的国语"的口号，提倡"真文学"和"活文学"，反对"假文学"和"死文学"。他的"文学革命"倡议迅速得到陈独秀、钱玄同、刘半农等人的支持与并力提倡，随之，"文学革命"的口号风行全国。陈独秀对胡的"文学革命"倡议尤大加赞赏，写《文学革命论》称胡文是"今日中国文界之雷音"，胡是"首举义旗之急先锋"，并进一步发挥了胡的思想，提出他的激进"革命主义"：推倒贵族文学，建设国民文学，从而把"文学革命"浪潮推向了高峰。胡适"文学革命"的最大功绩是提倡白话文，把文学从贵族手中解放出来，还给广大平民百姓，使广大人民群众迅速接受了新思想、新道德、新文化，提高了认识水平与思想觉悟，使新文化运动很快形成全国性的运动，并对中国社会现代化产

生深远影响。胡适由于提倡文学革命与白话文而名声大噪，被人们尊之为新文化运动的领袖人物。就连反对白话文运动的代表人物章士钊也不得不承认：人们对白话文"如饮狂泉，举国若一"，很多人都"以适之为大帝，绩溪（胡适家乡）为上京"。

胡适是自由主义的旗手。自由主义思想早在戊戌维新运动中就被提倡过。严复即被称为"中国自由主义之父"。五四时期这种自由主义得到相当发展。胡适自称"我们是爱自由的人"。他提倡自由、崇拜自由，认为"自由主义运动是爱自由，争取自由，崇拜自由"的运动。他把自由提到相当高度，几乎达到自由就是一切，一切为了自由的程度，陷入自由拜物教的迷雾中。他进而把争取自由与提倡个性解放与女子解放联系在一起，严厉谴责社会对个性的摧残、限制其自由发展的罪恶，希望建立一个"真正尊重个人自由的社会"。在这样的社会里，"决不能迷失自己独立的人格。社会国家没有自由独立的人格……那种社会国家决没有改良进步的希望。"（《胡适文存》）胡适的自由主义，适应社会个性解放的需要，在广大资产阶级、小资产阶级知识分子中拥有一定的群众。特别是知识女性，在胡适女子解放、女子自立的号召下，纷纷走出封建家庭，走上社会，争做与男子一样的"自立"新人。但这种争取个性解放与个

人自由的言行受到很大的局限。因为他们要争取完全自由，但反对暴力革命斗争手段，主张哲学上的实用主义，政治上的改良主义。他们反对封建专制主义，同情学生运动，但又怕群众运动过激，怕社会主义运动，怕激进主义的革命。如李大钊所批评他们的："一方面要与旧式的顽固思想奋战，一方面要防遏俄国布尔什维克主义的潮流。"

五四时期，与李大钊等展开"问题与主义"辩难。1919年7月，胡适在《每周评论》上发表《多研究些问题，少谈些"主义"》一文。他认为"空谈好听的'主义'是极容易的事，是阿猫阿狗都能做的事，是鹦鹉和留声器都能做的事"。他主张"少谈些主义"，是反对宣传马克思主义，否认马克思主义对中国革命的指导作用。胡适主张"多研究些问题"，是反对"根本解决"中国的社会问题，主张一点一滴地进行改良。同年8月，李大钊在

《每周评论》发表《再论问题与主义》，指出问题与主义是不可分割的关系，"我们的社会运动，一方面固然要研究实际问题，一方面也要宣传理想的主义"。他针对胡适反对"根本解决"的观点，指出"必须有一个根本的解决，才有把一个一个的具体问题都解决了的希望"。"问题与主义之争"标志着新文化运动中统一战线的内部马克思主义与改良主义的公开分裂。通过论战，早期的马克思主义者进一步阐明马克思主义与中国革命的关系，扩大了马克思主义的影响。

（五）罗家伦

罗家伦（1897—1969年），字志希，笔名毅，浙江绍兴人。五四运动的学生领袖和命名人，31岁的清华大学校长，中央大学的10年掌权者。1897年出生于江西南昌一个旧式读书家庭，他早年受的是家塾式的传统教育，但也有机会读到上海出版的新书报，并在传教士开设的夜校补习英文，打下了很好的基础。1919年1月，罗家伦和一些北大高年级学生一起出版了《新潮》杂志，第1期至第5期的总编辑是傅斯年，罗家伦任编辑，两人写了很多关于妇女解放、婚姻自由等意气风发的文章，《新潮》杂志在当时成为继《新青年》之后，倡导新文化运动第二种最有影响的刊物。

蔡元培、陈独秀、李大钊、胡适等人都对罗家伦他们给了极大支持。《新潮》的编辑部，就是李大钊北大图书馆的办公室。蔡元培批准由北大经费中每月拨出一部分给《新潮》，这引起了保守派的强烈攻击。他们通过教育总长傅增湘向蔡元培施加压力，要他辞退两个教员——《新青年》的编辑陈独秀和胡适；开除两个学生——《新潮》的编辑罗家伦与傅斯年。但蔡元培坚持不

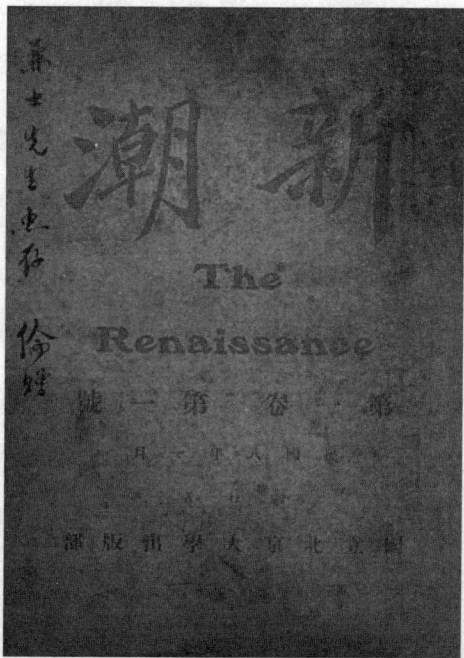

肯，维护了大学不受政治干涉的原则，也因而得到全国学术界的敬仰。

1919年4月，中国在巴黎和会失利的消息传到北大，罗家伦和一些同学便商议对策，为了不给北大和蔡元培校长造成压力，他们商定5月7日这天，联合市民游行抗议。可是到了5月3日，蔡元培校长得知北洋政府同意对山东问题做出退让，立即通知了罗家伦、段锡朋、傅斯年和康白情等人。当天深夜，大家决议改在5月4日这一天去天安门集合游行。当晚罗家伦与江绍原、张廷济一道，被各校代表推举为总代表。罗家伦的任务包括连夜购买写标语的白布，联络各校学生，起草宣言，向各国驻华使馆递交备忘录等。可惜那天拍下的照片不多，只有一张可以确切认出是罗家伦的面貌，拿着白布旗子走在北大队伍的前列。

五四那天散发的唯一一份印刷品《北京学界全体宣言》传单是罗家伦起

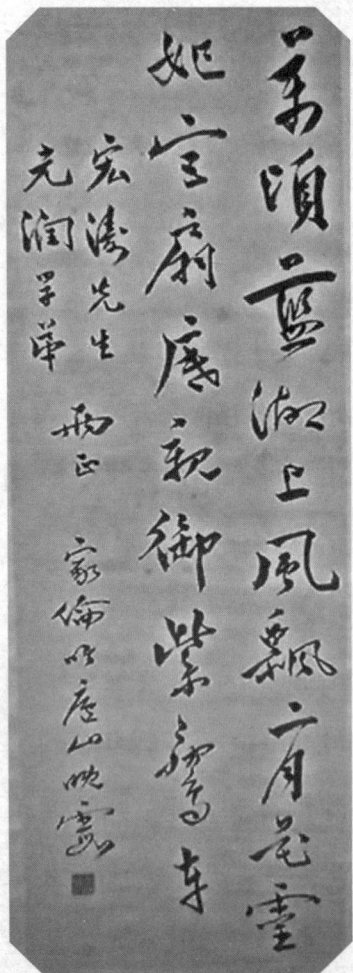

草的。1919年5月4日那天上午，罗家伦从外面赶回北大时，一位同学说："今天的运动，不可没有宣言。"北京八校公推北大起草，北大同学又推举罗家伦来写。当时时间紧迫，不容推辞，罗家伦就站在一个长桌旁边，写好了宣言。宣言虽然只有180字，却写得大气磅礴，极富号召力。特别是最后那几句："中国的土地，可以征服，而不可以断送；中国的人民，可以杀戮，而不可以低头，国亡了，同胞起来呀！"现在读起来还让人心潮澎湃。

（六）傅斯年

傅斯年（1896—1950年），字孟真，山东聊城人。著名史学家，文学家。1916年考入北京大学文科。然而国学大师们的赏识与栽培，没能抵过新文化运动中"赛先生"的魅力。正当傅斯年锐意于章氏之学的时候，胡适的出现给他带来了春雷惊梦般的巨大震动。这位太炎学派的追随者，竟一下变成新文化的倡导者，这其中既有胡适对他的引导，也是和当时整个社会大环境的影响分不开的。从此，作为自由主义者的傅斯年，在五四新文化运动中走上中国历史文化的舞台。

由于受到民主与科学新思潮的影响，成为北大学生会领袖之一。抱着为新文化而奋斗的热忱，傅斯年和罗家伦等几位北大同学紧随《新青年》的步伐，创办了《新潮》月刊。《新潮》是北大学生自己办的刊物，并得到了北大校方的资助。在新文化运动中，《新潮》是仅次于《新青年》的重要刊物，它的宗旨是"批评的精神""科学的主义"和"革新的文词"。傅斯年作为《新潮》的灵魂人物，其思想观点和学术主张也逐渐为世人所熟知，由此成为新文化运动的代表人物之一。

青年傅斯年风头最劲的时候，还是在五四游行的队伍里。游行当天，傅斯年是北京大学的学生领袖，为北大集会时主席、游行示威总领队。他肩扛大旗率领学生在天安门与其他院校学生会合，向

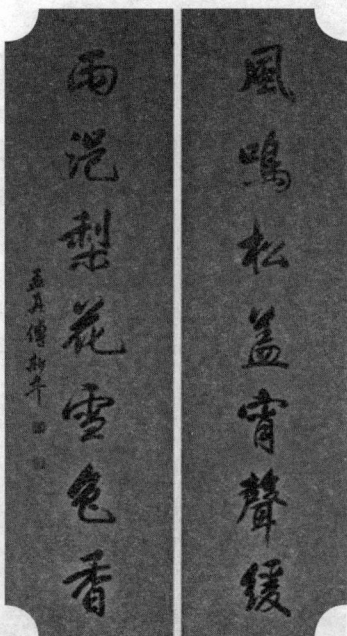

东交民巷使馆区进发，准备抗议示威，但在东交民巷遭到外国军警阻拦。游行队伍派代表向各国公使馆递交了声明书，这时队伍中即有人高呼："到外交部去！到卖国贼的家去！"傅斯年曾劝说同学不要激动，但他已无法控制当时愤怒的形势，于是率众前往赵家楼曹汝霖住宅，痛打章宗祥，火烧赵家楼。

运动第二天，在讨论下一步行动时，有一人因意见不同而与傅斯年发生冲突，傅斯年一怒之下，从此不再参与学生会工作。最后推选出段锡朋主持工

作，傅斯年从此退出五四运动，但他的爱国之心使他无法全然置身事外，还是全力支持段锡朋的工作，对运动密切关注。虽然傅斯年没有完整地参加五四运动的全过程，但是他对五四运动的贡献是不可埋没的。作为新文化运动的思想领袖和五四运动的学生领袖，傅斯年成为叱咤一时的风云人物。

1949年1月，傅随历史语言研究所迁至台北，并兼台湾大学校长。傅斯年在政治上亲蒋反共，他出于维护国民党蒋介石政权的目的，要求严惩贪官污吏，整制政风，反对"中国走布尔什维克道路"；在学术上，信奉考证学派传统，主张纯客观科学研究，注重史料的发现与考订，发表过不少研究古代史的论文，并多次去安阳指导殷墟发掘。他主持历史语言研究所期间，延揽一流人才，作出不少成绩。1950年12月20日在台北病逝。著作编为《傅孟真先生集》。

（七）恽代英

恽代英（1895—1931年），又名蘧轩，字子毅，江苏武进县人。恽代英出生时，父亲恽爵三期望他长大成人后做事能够持之以恒、有毅力，便给其起了子毅的字号。而恽代英亦没有辜负其父的殷殷期望，在五四运动这场足以彪炳千秋的革命壮举中，被誉为"中国青年的领袖和导师"，满怀革命必胜的信念，为运动作了大量的工作。恽代英的英名已与五四运动这一不朽的历史事件一起载入史册。

恽代英毕业于中华大学中文系，在上学期间博览群书。此时恰值陈独秀主办的《新青年》问世，恽代英读后甚为激动，他在给一位朋友的信中曾写道："我很喜欢看《新青年》《新潮》，因为他们是传播自由、平等、博爱、互助、劳动的福音的。"此后，他便经常与陈独秀通信联系，于《新青年》《青年进步》《东方杂志》等刊物共发表各类文章80余篇。1917年10月，恽代英和梁绍文、冼震、黄负生等在中华大学学生中创办了以"群策群力，自助助人"为宗旨的互助社，社员近

20人。互助社是武汉地区诞生的第一个进步团体，也是全国最早的进步社团之一。翌年夏天，恽代英大学毕业，由于学业优秀，在青年学生中又有很高威信，遂被聘为附中部教务主任。

五四运动爆发的第二天，《汉口新闻报》即在武汉地区率先报道了北京学生请愿、集会的消息。闻此信息，恽代英当即写就《四年五月七日之事》的爱国传单，这也是该市的第一份传单。传单写成后，恽代英与其学生林育南连夜将其赶印600余份，到学校和街上广为散发。彼时因是国耻纪念日，"各机关各学校均放假一天，以示不忘"，而中华大学为"鼓励尚武精神""振扬国雄"，正举行运动会，于是，恽代英写下的传单即"有血性的黄帝的子孙，你不应该忘记民国四年五月七日之事。现在又是五月七日了，那在四十八小时内，强迫我承认二十一条密约的日本人，现在又在欧洲和会里强夺我们的青岛，强夺我们的山东，要我们四万万人的中华民国做他的奴隶牛马。你若是个人，你还要把金钱供献他们，把盗贼认做你的父母兄弟吗？我亲爱的父老兄弟们，我总信你不至于无人性到这一步田地。"被师生争相传诵，引起巨大反响。据记载，时任《大汉报》主笔和编辑的萧楚女读后也深受感染，遂将传单刊登于该报，并加按语："观此其爱国热忱溢于言表，同胞共览，请勿为亡国奴。"

5月9日，武汉各大中学学生代表连续聚会于中华大学，决定与京津学生一致行动，成立武昌学生团，以外争国权，内除国贼，并公推恽代英起草《武昌学生团宣言书》。恽代英随后便收集资料，夜以继日，写成了四千余字的《武昌学生团宣言书》，对北京爱国学生的五四革命行动予以高度评价，强烈要求北洋军阀政府"下令斥逐"曹、章之辈，号召学生积极行动起来，投入到这场轰轰烈烈的爱国运动中去。

5月12日，中华大学等十五所学校召开联合大会，通过了由恽代英起草的致北洋政府、各省、各机关、各学校并巴黎和会及美国总统威尔逊的电文，强烈要求争回山东主权。随后，在恽代英指导下，武汉学生联合会于5月17日在中华大学举行了成立大会，恽代英的学生林育南、李求实和陈潭秋、李书渠、廖焕星等皆成为学联骨干。恽代英还为学联刊物《学生周刊》制定了"唤起国民爱国热忱，提倡国货坚持到底"的宗旨，并亲自撰写了发刊词，号召广大学生与民众在"外交紧急，河山变色"的危急之际，"对外一致，始终不懈"，众志成城地投入挽救祖国危亡的斗争。

有学者曾这样形容《学生周刊》的影响力："（学生周刊）犹如催人出征的战鼓，鼓舞武汉民众在'嗟我中国，强邻伺侧，外交紧急，山河变色'之秋，'众志成城'地投入反对帝国主义的革命斗

争中去。周刊以通俗的白话文进行爱国主义宣传，'行销畅旺'。周刊第1期先印五百份，供不应求，又加印一千余份，深受武汉三镇民众的欢迎。《时报》1919年7月3日报道：昨日学联会会员在汉口沿途售卖《学生周刊》，'正至大智门附近，忽有苦力多人，争相购取。其中有不识字者，遂央人讲解，彼等俯首静听，有闻之泪下者，有长吁短叹者，又有听毕不忍去者'。"

5月18日，为声援北京学生运动，武汉学联举行了有3000余学生参加的大规模示威游行，散发恽代英为这次活动所写的《呜呼青岛》传单，高呼"为山东的主权，为中国未来的前途""莫买日本货，亦莫卖日本货"！当时，"队伍所到之处，'各商民莫不现一种喜悦之表示，又莫不含有痛恨日人欺侮之怒气'"，许多人将茶果酬劳游行

队伍，有位人力车夫为学生爱国热忱所感动，还大声疾呼"学生万岁"！此次游行使"争回青岛""灭除国贼""勿忘国耻""提倡国货"的口号更加深入人心，为运动的深入发展奠定了群众基础。恽代英与学联研究扩大游行的影响，组织了"学生实行提倡国货团"，并派代表前往武昌、汉口等处商会磋商提倡国货的办法。他在日记中曾动情地写道："欲求实在有裨于国，只有发天良用国货，注意国事，为国家做事。"6月28日，在陈独秀、恽代英等一大批仁人志士的不懈努力下，参加巴黎和会的中国代表，终于拒绝在和约上签字。至此，这场伟大的反帝爱国运动直接目标得以实现，五四运动取得了胜利。五四运动是中国旧民主主义革命的结束和新民主主义革命的开端，中国革命从此进入了一个新的历史时期。

五四运动对恽代英影响极其深远。在这场运动中，恽代英和李大钊、陈独

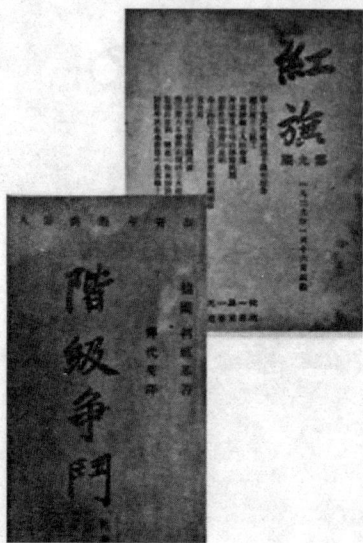

秀、邓中夏等人都有交往，这对其思想发展产生了很大影响。恽代英曾应陈独秀之约，翻译了考茨基的名著《阶级争斗》，并由新青年社出版，对我国早期的马克思主义的传播起了很大作用。此后，经过艰辛的探索，恽代英在马克思主义的指引和迅速发展的革命形势推动下，实现了由民主主义到共产主义的转变。1921年7月16至21日，他曾率领林育南、李求实等利群书社成员共24人，建立了党的早期组织性质的共存社。随后得知中国共产党成立，共存社即停止活动，恽代英率先于是年冬加入中国共产党，并号召其战友争取入党。不久他相继介绍张浩、萧楚女加入中国共产党。

"浪迹江湖忆旧游，故人生死各千秋。已摈忧患寻常事，留得豪情作楚囚。"这是烈士就义前留下的感人肺腑的诗篇。1930年5月6日，被蒋介石认为是"黄埔四凶"之一的恽代英在上海被国民党当局逮捕。在狱中，面对敌人的威逼利诱，恽代英坚贞不屈，坚信中国共产党的事业必将取得最后胜利，最终于1931年4月29日被残酷杀害，时年36岁。1950年5月6日，周恩来在《中国青年》杂志上，曾为纪念恽代英殉难十九周年题词："中国青年热爱的领袖——恽代英同志……他的无产阶级意识、工作热情、坚强意志、朴素作风、牺牲精神、群众化的品质、感人的说服力，应永远成为中国革命青年的楷模。"与瞿秋白、张太雷并称常州三杰的恽代英，虽然英年早逝，却英魂长存，虽死犹生。

五、五四运动的精神内涵

五四运动历史进程中所形成的五四精神蕴含了深邃而丰富的时代内涵。在五四爱国运动发生当月出版的《每周评论》上，罗家伦（署名毅）发表的《五四运动的精神》，指出：五四运动是中国学生的创举，同时也是中国人民的创举；五四运动精神有三种，即学生牺牲的精神、社会裁制的精神和民族自决的精神；这三种精神关系中国民族的存亡。显然，这仅指的是五四爱国运动的精神。对五四运动颇有研究、著有《五四运动史》的周策纵教授曾提出过：五四精神应概括为三个方面："爱国运动"、"以批判的态度重新评估一切"和"思想界的自由发展"。他也提到过"五四的基本精神——提倡民主和提倡科学"。本书试图通过五四时期先进分子的言论和五四爱国运动本身，来把握五四时代精神。

（一）爱国主义精神

爱国主义是整个中国近现代的时代精神之一，是中国人民千百年来铸就起来的坚不可摧的思想堡垒，是中华民族的优良传统。爱国主义体现在祖国和民族危亡时刻，社会各阶层的人们都能够毫不犹豫地挺身而出，以不同形式投身战斗中来，捍卫国家利益，这在五四运动中体现得尤为突出。

20世纪初，帝国主义列强入侵中国，而封建军阀无耻地出卖国家民族利益，中国人民备受宰割和凌辱。五四运动正是在民族危亡的时刻，爆发的一场伟大的反帝反封建的爱国运动。具有满腔爱国热情的五四先驱者们把斗争的矛头指向帝国主义和封建军阀，他们不怕牺牲、自觉奉献，肩负起救国救民的历史重任。当巴黎和会上中国收回山东的合理要求被拒绝时，五四运动旗帜鲜明地提出了"外争国权，内惩国贼""誓死力争，保我主权""宁为玉碎，勿为瓦全""还我

山东,废除二十一条"等口号。社会各界群众包括广大青年学生和工人阶级、小资产阶级及其部分资产阶级在联合行动中还当场血书,并散发了由罗家伦起草的白话文传单,喊出了"中国的土地可以征服,而不可以断送!中国的人民可以杀戮,而不可低头!国亡了!同胞起来呀!"这充分体现出了可歌可泣、气壮山河的爱国主义精神。

在整个五四爱国运动中,不论是学生、工人、农民以及部分资产阶级,广大社会群众纷纷行动起来,加入到保家卫国的战斗中来,体现出的爱国热情是前所未有的。爱国这一千百年来不变的主题在这里得到了升华。维护国家主权，拯救民族危亡，成为人民共同的意愿，同时这也反映出当时的人们渐渐开始觉醒，对帝国主义侵略和内政腐败的本质有了更清楚的认识。五四运动所表现出的强烈爱国主义精神，是民族危亡的紧要关头最为可贵的精神。

在五四爱国主义精神的感召和激励下，中国人民团结奋起，共抗帝国主义的压迫，共同面对前进道路上出现的种种困难。在中国共产党的领导下，经过艰苦卓绝的浴血奋战，取得了民族独立和解放斗争的巨大胜利，中国人民从此站了起来。这个民族独立和解放的进程，在一定意义上说，也是五四爱国主义精神不断发扬的进程。

(二)科学民主精神

半封建半殖民地时期的中国,受千百年来蒙昧主义思想的束缚,排斥理性、排斥科学,主张保守愚民的政策,文化停滞不前。五四先进知识分子们对中国传统文化进行反思,吸收了西方启蒙思想,以民主和科学作为有力的思想武器。

陈独秀在他创办的《新青年》杂志创刊号上,首先高举民主和科学两面旗帜,声称"科学"与"人权(即民主)","若舟车之有两轮","国人欲脱蒙昧时代,羞为浅化之民也,则急起直追,当以科学与人权并重"。五四时期宣扬的民主指的是西方资产阶级启蒙时期所提倡的民主思想和民主制度。核心是反对以孔子为代表的儒家旧伦理道德为中心的封建专制主义和封建礼教。陈独秀认为"儒者三纲之说,为一切道德、政治之大

原"。并认为"孔子之道，不适合现代生活"。李大钊号召青年"冲决过去历史之网罗，破坏陈腐学说之囹圄"，实现"政治的觉悟"和"伦理的觉悟"以创造民主的"青春中国"，表现了中国人民反封建反压迫的决心和信念。同时，五四先进知识分子们又认为民主与科学有着密切联系，若车之有两轮，鸟之有双翼，缺一不可。在一个封建迷信与愚昧充斥的国家里，是无法真正实现民主政治的。要引领中国走出黑暗，不仅靠民主还要靠科学。

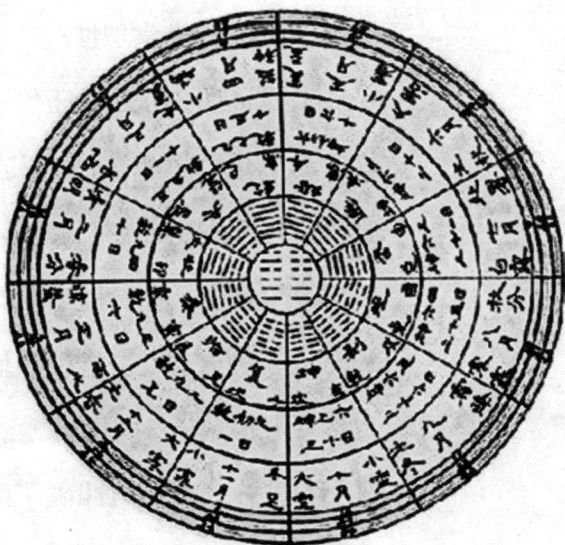

陈独秀提出："士不知科学，故袭阴阳家符瑞五行之说，惑世诬民，地气风水之谈，乞灵枯骨。农不知科学，故无择种去虫之术。工不知科学，故货弃于地，战斗生事之所需，一一仰给于异国。商不知科学，故惟识罔取近利，未来之胜算，无容心焉。医不知科学，既不解人身之构造，复不事业药性之分析，菌毒传染，更无闻焉。"可见，不懂科学，对国家、社会危害有多么大。正基于此，以陈独秀为代表的先进知识分子们大力提倡科学，反对盲从，反对迷信，推崇理性。

实践证明，历史上任何一次社会变革运动总是以思想革命为其先导的。科学和民主的思想在当时封建落后的中国，对于渴望自由、追求科学与民主的人们来说是一种鼓舞，它指引人们走向光明之路。因此，在当时引起了强烈的社会反响。科学与民主思想冲破了中国数千年来教条和习惯势力的束缚，是向封建专制政治、宗法家族制度和纲常礼教思想的宣战。可以说，没有科学和民主新思想的启蒙，就不会有后来马克思主义在中国的传播和发展，民族的独立和解放就不能取得具有决定性意义的胜利。五四时期提出民主和科学的口号，正是为实现这个历史任务服务的。

（三）改革创新精神

五四运动体现的改革创新精神在于它提出了新理论、新思想，体现出革新意识和革新精神，成为中国现代文化的开端。五四的先进知识分子们对各种中西文明成果，进行去其糟粕，留取精华，铸就出具有时代风貌的流传至今的不朽的五四精神。这种创新性集中体现在五四时期启蒙思想家们所具有的创新意识和创新精神上。

五四先进知识分子们接受新理论和新理念，引进外来西方启蒙思想。尽管我们与西方存在意识形态的差异，西方先进思想又错综复杂、真伪交错，但是它使中国人民接触到了新思想、新理念，使得中国人获得了一种全新的参照系来反思自己的传统文化。"所谓新者是积极进步的，抛弃不适用的，创造美的，善

的，来应付新时代的需要。"陈独秀指出：

"我们想求社会进化，不得不打破'天经地义''自古如斯'的成见，决计一面抛弃此等旧观念，一面综合前代贤哲、当代贤哲和我们自己所想的，创造政治上、道德上、经济上的新观念，树立新时代的精神，适应新社会的环境。"这充分体现出五四先进知识分子们"弃旧图新"的主张。"天下事理无日不在进化中，无日不在日新月异中，旧者万不能常存，终必为新者所战胜。""夫新旧之争，旧者终必

有根本推倒降服于新之一日。"五四先进
知识分子们坚信新的要战胜、取代旧的，
这是历史的必然趋势。李大钊认为："世
界上的军国主义、资本主义，都像唐山煤
矿坑上的建筑物一样，他的外形尽管华
美崇闳，他的基础，已经被下面的工人掘
空了，一旦陷落，轰然一声，归于乌有。"
他们坚信光明一定会驱走黑暗，新社会
必将取代旧社会。陈独秀在总结新文化
运动还曾说过："新文化运动要注重创造

的精神。创造就是进化，世界上不断的进化只是不断的创造，离开创造便没有进化了。我们不但对于旧文化不满足，对于新文化也要不满足才好；不但对于东方文化不满足，对于西洋文化也要不满足才好；不满足才有创造的余地。"毛泽东在评价五四运动时曾提出过："五四运动所进行的文化革命则是彻底地反对封建文化的运动，自有中国历史以来，还没有过这样伟大而彻底的文化革命。"由此可以看出，五四时期的先进知识分子们确实具有创新思想、革新精神，体现出改革创新精神。

岁月如同东逝水，奔流入海，昼夜不息。1919年5月4日，一场发生在中国大地上惊天动地、轰轰烈烈的革命，迄今已经九十多个春秋了。

陈独秀在1915年9月就告诉青年奋斗的方向是自主的而非奴隶的；进步的而非保守的；进取的而非退隐的；世界的而

非锁国的；实利的而非虚文的；科学的而非想象的。李大钊先生也明确指出：青年之于社会，殆犹此种草木之于田畴也。青年循蹈乎此，本其理性，加以努力，进前而勿顾后，背黑暗而向光明，为世界进文明，为人类造幸福，以青春之我，创建青春之家庭，青春之国家，青春之民族，青春之人类，青春之地球，青春之宇宙，资以乐其无涯之生。乘风破浪，迢迢乎远矣，复何无计留春望尘莫及之忧哉？

多少年来，年年过"五四"。我们纪念五四运动，是为了继承和发扬五四精神。那么"五四"留给我们最宝贵的精神遗产是什么？"爱国主义"，是五四精神的精髓；"民主与科学"，是五四精神的核心；解放思想，勇于变革，居安思危，无私奉献，是五四精神的体现。

康有为、梁启超、严复为代表的一群现代知识分子，是中国近代历史上第一代思想启蒙者；李大钊、陈独秀、鲁迅为

代表的第二代知识分子，"铁肩担道义，妙手著文章"，以天下为己任，以振兴民族为目标，唤醒了青年，唤醒了民众，于是有了五四运动的思想基础。

五四运动爆发在中华民族危难时刻。第一次世界大战结束的巴黎和会，列强悍然拒绝中国代表有关收回被侵占的山东、废除帝国主义在中国的特权、废除日本亡我的"二十一条"等正义要求。消息传到国内，人民义愤填膺！北大学子首先揭竿而起，各地知识分子、商人、工人群情激昂，一呼百应，"打倒卖国贼""反帝反封建"!呼声遍及神州，震惊世界!五四精神是中华民族精神光辉史册中绚烂的一页，是承前启后的中华民族永不褪色的历史记忆。

中华民族精神是五千年厚重文化积淀和筛选出来的精华，它包含着一些最基本的要素：一是自强不息的奋斗精神。"天行健，君子以自强不息"（《易经》）

已成为历代先贤信奉的圭臬。二是对真理的执著追求。"富贵不能淫，贫贱不能移，威武不能屈"（《孟子》）是中国人崇奉的气节。三是为国家、为民族利益舍生取义，在所不惜。如"人生自古谁无死，留取丹心照汗青"（文天祥），"苟利国家生死以，岂因祸福避趋之"（林则徐），是我们学习的楷模。四是忧患意识，居安思危，"先天下之忧而忧，后天下之乐而乐"（范仲淹），生于忧患、死于安乐，一直激励后昆奋发有为，勤政为民。中华民族精神是与时俱进的。在长期革命斗争和社会主义建设中，不断地淬炼充盈，已经形成了长征精神、红岩精神、延安精神、大庆精神、雷锋精神，等等。一个国家和民族在发展的道路上，总会发生一些影响深远的重大历史事件，镌刻在这个国家和民族的集体记忆中，反映国家和民族的凝聚力和精神魅力，并预示着这个国家和民族的未来。

　　在五千多年的发展中，中华民族形成了以爱国主义为核心的团结统一、爱好和平、勤劳勇敢、自强不息的伟大精神。祖国已经进入一个新的历史时期，振兴中华民族的重任，已然落在新一代肩上，"五四"的火炬光荣地传递到青年手中。让我们以满腔热诚，去开拓前人未竟的事业，用学习、创造、奉献，去拥抱明天新的希望，唱响新时代的青春之歌！